Mohamed Chaabani

Die Anekdote im Fremdsprachenunterricht

GRIN Verlag

Bibliografische Information der Deutschen Nationalbibliothek:

Die Deutsche Bibliothek verzeichnet diese Publikation in der Deutschen National-
bibliografie; detaillierte bibliografische Daten sind im Internet über http://dnb.d-
nb.de/ abrufbar.

Impressum:

Copyright © 2012 GRIN Verlag GmbH
Druck und Bindung: Books on Demand GmbH, Norderstedt Germany
ISBN: 978-3-656-29498-6

Dieses Buch bei GRIN:

http://www.grin.com/de/e-book/203381/die-anekdote-im-fremdsprachenunterricht

Die Anekdote im Fremdsprachenunterricht

Chaabani Mohamed

Inhalt

Abstract

Die folgende Arbeit untersucht die Textsorte Anekdote im Fremdsprachenunterricht. Anliegen dieser Arbeit ist es, die Einstellung der Studenten über die Anekdote zu erfassen. Für diesen Zweck wurde eine Befragung durchgeführt. Die Ergebnisse dieser Befragung wurden dargestellt.

Zur Anekdote

Zur Klärung des Begriffs Anekdote, empfiehlt es sich, verschiedene Sichtweisen für das Begriffsverständnis durchzugehen. Erste Annäherung an den Begriff Anekdote lässt sich durch die Ausführungen von Haerkötter, H. u.a. (1979, 233) stattfinden:

Bei Haerkötter, H. u.a. (1979, 233) finden die die folgenden Ausführungen:

„ Die Anekdote ist eine kurze Erzählung, entweder um eine geschichtliche Persönlichkeit oder eine Begebenheit, an deren Ende plötzlich verborgene Zusammenhänge erkennbar werden. Die Begebenheit ist historisch belegbar oder könnte sich doch in Wirklichkeit so zugetragen haben. Ort, Zeit und Personen werden meistens genannt."[1]

Die Definition gibt Auskunft darüber, dass der Anekdote eine Erzählung über eine historische Persönlichkeit oder eine Begebenheit darstellt.

Bei Winkler, W. (2000, S.63) findet sich weiterhin die folgende Definition:

„Sie stellt einen Abschnitt aus dem Leben einer historischen Persönlichkeit dar oder erzählt von einer besonderen Begebenheit. Der kurze Prosatext enthält einen auf den Schluss konzipierten Spannungsaufbau. Eine Pointe bringt die Lösung. Die Intention zielt auf Unterhaltung und Belehrung. An einem kurzen Wirklichkeitsausschnitt soll Typisches deutlich werden."

Eine solche Definition impliziert, dass die Anekdote darauf abzielt, die Leser zu unterhalten und zu belehren.

Die Anekdote wird darüber hinaus wie folgt definiert:
„Die Anekdote ist ein kleiner literarischer Text, der mit einer Pointe endet. Im Gegensatz zu Witz oder Schwank ist die Hauptperson eine bekannte Persönlichkeit, von der ein charakteristischer Wesenszug beleuchtet wird."[2]

---

[1] Vgl. Haerkötter, u.a. (1979, 235)

[2] http://www.wissen.de/thema/anekdote?chunk=definition

Laut Vogt, Jochen (2012)[3] hatte Prokopios als 'anekdoton' im 6. Jahrhundert Enthüllungen über den Kaiser Justinian in einen Geschichtswerk bezeichnet. Dieses Geschichtswerk erschien nach seinem Tod. Danach war die Anekdote als eine mündliche Erzählung aus dem Lebensabschnitt einer bekannten Persönlichkeit in der Geschichte wie Herrscher oder Künstler.

Die Anekdote wird ferner wie folgt definiert:

„Das Wort "Anekdote" stammt aus dem Griechischen und bedeutet soviel wie "Unveröffentlichtes" und genau das ist eine Anekdote auch. Oftmals wird das, was in der offiziellen Geschichtsschreibung weggelassen oder nur eine Randnotiz hergab, später in Form einer Anekdote doch noch festgehalten."[4]

Beim Schreiben einer Anekdote sollte man Folgendes[5] beachten:

Erstens sollte die Anekdote in der Vergangenheit geschrieben. Außerdem wird sie

häufig szenisch erzählt. Dabei bleibt das Erzählverhalten neutral. Darüber hinaus darf die Anekdote übertrieben und dazu erfunden sein. Ferner sollte sie kurz und pointiert geschrieben werden. Zudem sollte die Hauptperson muss klar ersichtlich sein. Dazu sollte sie ferner ein überraschendes und pointiertes Ende beinhalten.

Die Anekdote hat auch folgende Merkmale:

- „Die Anekdote ist eine literarische Kleinform und dem Schwank, der kleinen Kurzgeschichte oder dem Witz verwandt.
- Sie ist im Präteritum (abgeschlossene Vergangenheit) verfasst.
- Sie umfasst eine einzige Handlung, Nebenhandlungen werden strikt vermieden.
- Es wird eine repräsentative Momentaufnahme einer unverwechselbaren Person entworfen.

---

[3] Vogt, Jochen. In : www.uni-due.de/eiladung/index.php?option=com_content&view=article&id =48&Itemid=53. Zugriff am 01.06.2012 (16h15)
[4] http://deutschsprachige-literatur.blogspot.com/p/textsorten.html
[5] http://deutschsprachige-literatur.blogspot.com/p/textsorten.html

- An einem scheinbar zufälligen Detail (einer dieser Person zugeschriebenen Äußerung oder einer für sie typischen Handlungsweise) wird eine charakteristische Eigenart verdeutlicht.
- Der Handlungsverlauf endet mit einer überraschenden Wendung, die oft im Dialog, also in einem Gespräch, zustande kommt.
- Die Handlung kann tatsächlich geschehen oder auch gut erfunden sein. Häufig werden Anekdoten zunächst mündlich weitergegeben, so dass weder der Wahrheitsgehalt noch der Urheber später noch zu ermitteln sind."[6]

Der Fragebogen

Charakterisierung der Stichprobe

Die schriftliche Befragung wurde im Juni 2012 an der Universität Oran durchgeführt. An der Umfrage beteiligten sich 100 Germanistikstudenten. Die befragten Studierenden befanden sich zur Zeit der Befragung im ersten Jahr Masterstudium. Das Durchschnittsalter der Untersuchungsgruppe betrug 23 Jahre. Unter den Befragten waren 19% männlich und 81% weiblich.

Konzipierung und Durchführung der Umfrage

Die Befragung wurde anonym in Form eines Fragebogens im Juni 2012 durchgeführt. Der Fragebogen besteht aus 24 Fragen, die Auskunft über die Einstellung der Studenten über die Textsorte Anekdote geben sollten. Die erste Frage klärt, wie die Studierenden Anekdote finden und warum. Die zweite beleuchtet, welche Anekdoten sie kennen. Die dritte Frage soll darüber Auskunft geben, wie oft sie Anekdoten lesen. Die nächste Frage klärt, was sie mit Anekdoten lieber machen. Weiterhin sollte erörtert werden, wie oft sie Anekdoten behandelt haben. Die Einschätzung erfolgt auf einer vierteiligen Skala (selten, manchmal, oft, sehr oft). Danach sollen die Befragten, ob die Befragten möchten, dass Anekdoten im Unterricht behandelt werden und wie oft.

---

[6] http://www.wissen.de/thema/anekdote?chunk=definition

Anschließend sollte ermittelt werden, wie die Befragten die Anekdoten im Unterricht lernen möchten. Danach sollte untersucht werden, welche Anekdoten sie gelesen haben. Die nächste Frage befasst sich damit, welche Anekdoten ihnen gefallen haben. Die darauf folgende Frage ermittelt, was ihnen besonders an diesen Anekdoten gefallen hat. Die nächste Frage beschäftigt sich damit, was sie an Anekdoten nicht mögen. Anschließend wird untersucht, ob die Befragten vorhaben, eigene Anekdoten zu schreiben. Die nächste Frage thematisiert, wie schwierig die Befragten das Verstehen von Anekdoten finden. Die darauf folgende Frage untersucht, ob ein einmaliges Lesen ausreicht, um eine Anekdote zu verstehen. Anschließend sollte ermittelt werden, ob die Sprache oder Ausdrucksweise der Anekdoten schwer verständlich ist, z.B. Lexik, Satzbau…Die nächste Frage untersucht, aus welchen Quellen die Befragten diese Anekdoten gelesen haben. Weiters wird eruiert, ob die Befragten schon Anekdoten in einem Lehrwerk behandelt oder gelesen haben.

Nachfolgend wird darauf eingegangen, welche Vorteile die Anekdoten im Unterricht haben. Die nächste Frage thematisiert, welche Nachteile die Anekdoten im Unterricht haben. Die nächste Frage sollte klären, welche Figuren häufiger in den Anekdoten auftauchen. Die darauf folgende Frage sollte ebenfalls klären, welche allgemeine Struktur eine Anekdote hat. Danach sollen die Befragten angeben, welche neuen Wörter die Befragten durch Anekdoten gelernt haben. Weiters wird eruiert, ob Anekdoten aus Sicht der Befragten für den Unterricht geeignet sind und wieso. Die letzte Frage untersucht, ob die Befragten Autoren kennen, die Anekdoten schreiben.

Rücklauf und Repräsentativität

Der Fragebogen erreichte gut 100 Studenten. Die Nettorücklaufquote liegt bei 100%. Dem Fragebogen war ein Anschreiben beigefügt, das die Untersuchungsziele erläutert, sowie einen Hinweis auf die Freiwilligkeit der Teilnahme und eine Erklärung zum Datenschutz enthält. Die Rücklaufquote kann man als zufrieden stellend bezeichnen. Es lassen sich also Aussagen treffen, die für die Einstellungen über die Textsorte Anekdote hinreichend verlässlich sind. Natürlich rechtfertigt die begrenzte Anzahl der Befragten keinen Anspruch auf Allgemeingültigkeit.

Auswertung der Ergebnisse

Auf die erste Frage, wie die Studierenden Anekdoten finden und warum, sind unterschiedliche Antworten gefallen.

Rund 70 % der Befragten finden, dass die Anekdoten sehr interessant sind, denn sie finden Spaß daran. Dagegen haben 20% kein Interesse an dieser Textsorte gezeigt, ohne welche Gründe hierfür anzugeben. Auf der anderen Seite haben rund 10% keine Angaben gemacht. Nachfolgend geht es um die Frage, welche Anekdoten sie kennen. Die Befragten gaben unterschiedliche Antworten an:

Heinrich von Kleist: Anekdote aus dem letzten preußischen Kriege(90 Mal)

Thomas Mann: Anekdote(85 Mal)

Heinrich Böll: Anekdote zur Senkung der Arbeitsmoral (68 Mal)

Johann Peter Hebel: Schatzkästlein des Rheinischen Hausfreundes (40 Mal)

Wilhelm Schäfer: Anekdoten (33 Mal)

Des Weiteren wird auf die Frage eingegangen, wie oft sie Anekdoten lesen. 82% der Befragten haben mit manchmal geantwortet. Allerdings haben 10% keine Angaben hinsichtlich dieser Frage gemacht. Lediglich 8 % der Befragten haben mit selten geantwortet. Darüber hinaus wird geklärt, was sie mit Anekdoten lieber machen.

Auf diese Frage wurden unterschiedliche Antworten angegeben. Mehrheitlich lesen die Studierenden Anekdoten (95%). Lediglich 05% der Befragten gaben keine Angaben über diese Frage. In einem weiteren Schritt wird untersucht, wie oft sie Anekdoten behandelt haben. Die Einschätzung erfolgt auf einer vierteiligen Skala (selten, manchmal, oft, sehr oft). 80% der Befragten antworteten mit manchmal. Dagegen gaben 15% der Befragten die Antwort selten an. Lediglich 05% der Befragten gaben keine Angaben über diese Frage. Nachfolgend wird darauf eingegangen, ob die Befragten möchten, dass Anekdoten im Unterricht behandelt werden und wie oft. . Mehrheitlich haben 95% der Befragten mit ja und oft geantwortet. Lediglich 05% der Befragten gaben keine Angaben über diese Frage.

Nachfolgend geht es um die Frage, wie die Befragten die Anekdoten im Unterricht lernen möchten. Ein Befragter gab an, er möchte Anekdoten in einer Schreibwerkstatt lernen. Ein Anderer möchte Anekdoten außerhalb des Unterrichts öfter lesen, wie z.B. zu Hause.

Des Weiteren wird auf die Frage eingegangen, welche Anekdoten sie gelesen haben. die Befragten gaben folgende Antworten an:

Heinrich von Kleist: Anekdote aus dem letzten preußischen Kriege(80 Mal)

Thomas Mann: Anekdote(79 Mal)

Heinrich Böll: Anekdote zur Senkung der Arbeitsmoral (68 Mal)

Johann Peter Hebel: Schatzkästlein des Rheinischen Hausfreundes (50 Mal)

Wilhelm Schäfer: Anekdoten (34 Mal)

Darüber hinaus wird geklärt, welche Anekdoten ihnen gefallen haben. Die Einschätzung erfolgt wie folgt:

Heinrich von Kleist: Anekdote aus dem letzten preußischen Kriege(77Mal)

Thomas Mann: Anekdote(70 Mal)

Heinrich Böll: Anekdote zur Senkung der Arbeitsmoral (66 Mal)

Johann Peter Hebel: Schatzkästlein des Rheinischen Hausfreundes (45Mal)

Wilhelm Schäfer: Anekdoten (30 Mal)

Nachfolgend geht es um die Frage, was ihnen besonders an diesen Anekdoten gefallen hat. Hierbei erfolgt die Einschätzung unterschiedlich. 50% der Befragten berichteten über die Leichtigkeit der Sprache. Lediglich 40% der Befragten gaben keine Angaben über diese Frage. In einem weiteren Schritt wird untersucht, was sie an Anekdoten nicht mögen. Über diese Frage haben alle Befragten keine Angaben gemacht.

Des Weiteren wird auf die Frage eingegangen, ob die Befragten vorhaben, eigene Anekdoten zu schreiben. 80% der Befragten haben sich geäußert, in Zukunft eigene Anekdoten zu schreiben. 20% der Befragten machten keine Angaben darüber.

Anschließend wird ermittelt, wie schwierig die Befragten das Verstehen von Anekdoten finden. 40% der Befragten gaben an, dass sie Anekdoten schwierig seien. Hingegen äußerten sich 40% der Befragten mit leicht. 20% der Befragten gaben in diesem Zusammenhang keine Angaben.

Des Weiteren wird auf die Frage eingegangen, ob ein einmaliges Lesen ausreicht, um eine Anekdote zu verstehen. 60% der Befragten haben angegeben, dass ein einmaliges Lesen ausreicht, um eine Anekdote zu verstehen. 40% äußerten sich dagegen, dass ein einmaliges Lesen nicht ausreicht, um eine Anekdote zu verstehen.

In einem weiteren Schritt wird untersucht, ob die Sprache oder Ausdrucksweise der Anekdoten schwer verständlich ist. 71% der Befragten antworteten mit ja. Dagegen fanden 29% der Befragten die Sprache und Ausdrucksweise der Anekdoten nicht besonders schwer.

Des Weiteren wird auf die Frage eingegangen, aus welchen Quellen die Befragten diese Anekdoten gelesen haben.

Mehrheitlich haben 70% der Befragten Anekdoten aus den Büchern gelesen. 15% der Befragten haben Anekdoten aus dem Internet gelesen. Allerdings haben 15% keine Angaben hinsichtlich dieser Frage gemacht.

Darüber hinaus wird geklärt, ob die Befragten schon Anekdoten in einem Lehrwerk behandelt oder gelesen haben. Die Einschätzung erfolgt wie folgt:

99% der Befragten gaben die Antwort nein auf diese Frage.

Die nächste Frage klärt, welche Vorteile die Anekdoten im Unterricht haben. Die Arbeit an Anekdoten erscheint mehrheitlich den Studenten ebenso nützlich (97%). Als Vorteil wird von einem Befragten berichtet, dass eine wichtige Rolle im Studium spielt. Ein weiterer Befragter äußert sich in diesem Sinne, dass das Lehren von Anekdoten im Unterricht die Schreibkompetenz bei den Lernenden fördert. Als Vorteil sieht ein Befragter, dass Anekdoten für Unterhaltung sorgen. Man findet viel Spaß daran, solche Anekdoten zu lesen.

Als Nächstes wird auf die Frage eingegangen, welche Nachteile die Anekdoten im Unterricht haben. Was diese anbetrifft, haben 90% der Befragten Studierenden angegeben, dass Anekdoten keine Nachteile aufweisen. Demgegenüber haben allerdings 10% der Befragten haben keine Angaben hinsichtlich dieser Frage gemacht.

Des Weiteren wird auf die Frage eingegangen, welche Figuren häufiger in den Anekdoten auftauchen. Auf diese Frage wurden folgende Antworten gegeben:

Frau (70 Mal)

Mann (65 Mal)

Kind (60 Mal)

Darüber hinaus wird geklärt, welche allgemeine Struktur eine Anekdote hat. Alle Befragten haben keine Angaben über diese Frage gemacht.

Nachfolgend wird darauf eingegangen, welche neuen Wörter die Befragten durch Anekdoten gelernt haben. Auf diese Frage gaben alle Befragten an, dass sie keine neuen Wörter die Befragten durch Anekdoten gelernt haben.

In einem weiteren Schritt wird untersucht, ob Anekdoten aus Sicht der Befragten für den Unterricht geeignet sind und wieso. 100% der Befragten gaben an, dass die Anekdoten für den Unterricht geeignet sind. Als Begründung dafür haben sie die bereits erwähnten Vorteile noch Mal angeführt.

Abschließend wird ermittelt, ob die Befragten Autoren kennen, die Anekdoten schreiben. Auf diese Frage haben alle Befragten die folgenden Schriftsteller genannt:

Heinrich von Kleist: (90 Mal)

Thomas Mann: (85 Mal)

Heinrich Böll: (68 Mal)

Aus der Befragung geht ferner hervor, dass die meisten Befragten Kenntnisse über die Anekdote als Textsorte besitzen. Diese Textsorte hat sich laut Befragten erwiesen, dass sie im Fremdsprachenunterricht von Nutzen sein könnte. In diesem Sinne gaben alle Befragten an, dass die Anekdoten für den Unterricht geeignet sind.

Literatur

Haerkötter, u.a. (1979) Deutsches Sprachbuch 2, Berufsfachschulen, Winklers Verlag, Darmstadt.

Vogt, Jochen. In : www.uni-due.de/eiladung/index.php?option=com_content&view=article&id =48&Itemid=53. Zugriff am 01.06.2012 (16h15)

Winkler, Werner: (2000) ABITUR-WISSEN, Deutsch, Prüfungswissen Oberstufe. Verlag Stark

http://deutschsprachige-literatur.blogspot.com/p/textsorten.html. Zugriff am 28.07.2012 (16h15)

http://www.wissen.de/thema/anekdote?chunk=definition